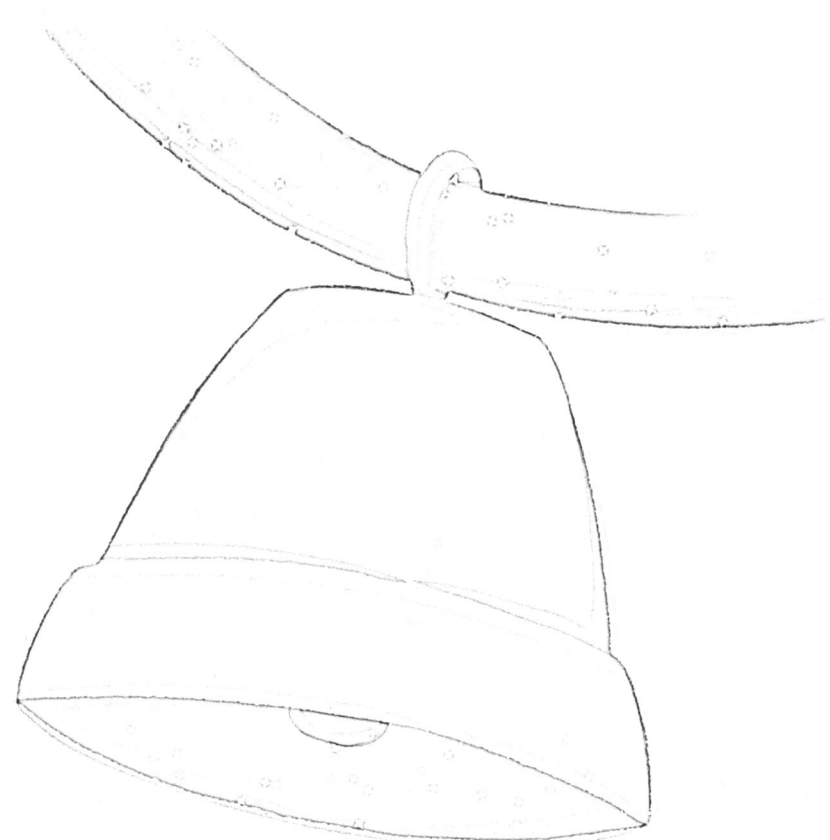

Andrew Thiriot™
B o o k s

andrewthiriot.com

NATALE

CON
GESÙ BAMBINO

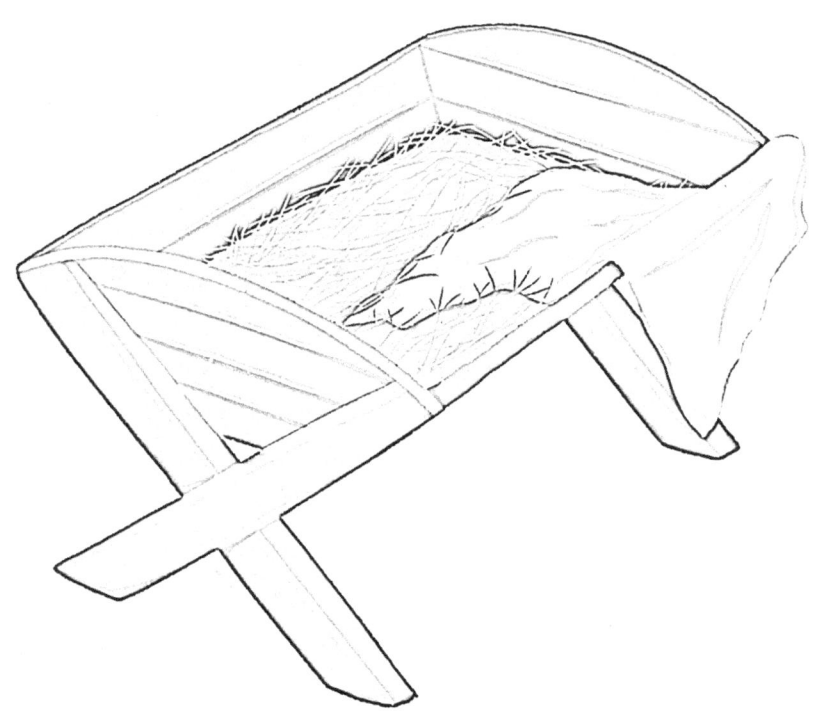

scritto da Andrew Thiriot

illustrato da Lilla Vincze

Tutti gli animali stanno aspettando...

Una colomba tuba
"GRU, GRU"

Con piccole
piume bianche

Un asino raglia
"I-OO,I-OO."

Con la pelle e
la pelliccia grigia

Una mucca
muggisce
"MUU, MUU"

Marrone, con
macchie bianche

Un agnello bela
"BEE, BEE"

Con lana
bianca e riccia

Un piccolo
bambino piange
"NGHEE, NGHEE"

Bello, luminoso
e nuovo

Una piccola
stella luccica
"BRILLA-BRILLA,
BRILLA-BRILLA"

Un segno del
nostro
Padre Celeste

GESÙ È NATO

Poiché Iddio ha tanto
amato il mondo,
che ha dato il suo
unigenito Figliuolo,
affinché chiunque crede in lui
non perisca,
ma abbia vita eterna.

Giovanni 3:16

Informazioni sull'autore

Andrew Thiriot ha prodotto musica
e canzoni per bambini e adulti.
Ama la meraviglia e la pace
del Natale.

Visita andrewthiriot.com

Informazioni sull'Illustratore

Lilla Vincze ha illustrato
molti libri per bambini.
Adora trascorrere del tempo con gli amici
e la famiglia, soprattutto durante
il periodo natalizio.

Cercala su Instagram: @lillu_station

Disponibile anche per questo libro:

Libro da colorare
Unisci i puntini
Diverse lingue
Copertina rigida
Copertina flessible
Ebook
Audiolibro
Libro di fiabe animato*

*Visita youtube.com/c/andrewthiriot

Ci piacerebbe sentirti
Visita andrewthiriot.com e scrivici!

Giorni Speciali
con Persone Speciali™
La Serie

Dalle feste incentrate sulla fede e storiche
a divertenti feste di famiglia.

Scopri le persone che rendono la
vita memorabile.

Leggi ad alta voce con i bambini
piccoli.

Una serie di libri illustrati a colori per bambini,
da leggere ad alta voce o da godersi
in tranquilla riflessione.

Libro Successivo
andrewthiriot.com/special